FACULTÉ DE DROIT DE PARIS

THÈSE

POUR LA LICENCE

SOUTENUE

Par **J.-C. MAZUYER**

PARIS
IMPRIMERIE DE GAITTET
RUE GIT-LE-COEUR, 7
—
1863

F

THÈSE
POUR LA LICENCE

L'acte public sur les matières ci-après sera soutenu,

Le mercredi 11 février 1863, à neuf heures,

Par Jacques - César MAZUYER, né à Albigny (Rhône)

Président : M. ROYER-COLLARD.

| SUFFRAGANTS : | MM. Bonnier, Demangeat, Vernet, Reudant, | Professeurs. Suppléant. Agrégé. |

Le Candidat répondra en outre aux questions qui lui seront faites sur les autres matières de l'enseignement.

PARIS

IMPRIMERIE DE GAITTET

RUE GIT-LE-COEUR, 7

—

1863

A LA MÉMOIRE

DE MON PÈRE ET DE MA MÈRE.

JUS ROMANUM.

DE CAPTIVIS ET POSTLIMINIO REVERSIS ET
REDEMPTIS AB HOSTIBUS.

(*Dig.* lib. XLIX, tit. 15).

Duæ mihi exponendæ sunt celeberrimæ juris fictiones, ad jus publicum pertinentes; scilicet fictio postliminii et fictio legis Corneliæ. De his et de jure quod
in eum, qui ab hostibus redemptus est, competit
redemptori, tractandum est.

Tres inde sectiones.

SECTIO PRIMA.

De postliminio.

Justinianus postliminii vocis etymologium ducit a
limine et post; fines enim imperii limen appellari possunt; ad quos qui reversi sunt, dicuntur postliminio

reversi. Postliminium est jus amissæ rei recipiendæ ab extraneo et in statum pristinum restituendæ, inter nos ac liberos populos regesque moribus, legibus constitutum. Duplex postliminium distinguitur : activum quo captivus reversus jura quæ ante captivitatem habebat recipit; passivum quo res, quæ ab hostibus barbaris ve captæ fuerunt, receptæ, in eorum jus ac potestatem recidunt quorum erant quum caperentur.

§ 1. Juribus captivitatis et postliminii locus est inter populum romanum et ejus hostes; non autem inter cæteros qui latrunculi vel prædoues appellantur item nullum postliminium in civilibus dissentionibus infensas partes invicem habere docet Ulpianus; etenim si sæpissimè per ea bella lædatur respublica, non tamen in exitium reipublicæ contenditur.

Gentes externæ non fæderatæ, quibusquam nullum bellum geritur, quamvis propriè hostes non sint, tamen hac in re hostium loco sunt et cum eis jus postliminii est. Sed inter Romanos populos que fæderatos Proculi prævaluit sententia; postliminio non esse quum invicem apud Romanum populum et illas gentes libertas et dominium retineantur.

§ 2. Postliminii jus competit aut in bello aut in pace.

In bello scilicet quum civis quidam captus eodem vel novissimo bello revertitur; in pace autem quum quis mercator viator ve, postquam in pace apud exteros pervenit, bello repente orto, servus effectus est. In pace quoque postliminium datum est, quamvis bellum non fuit ortum, ita ergà gentes cùm quibus neque hospitium neque amicitiam, neque fædus amicitiæ causà populus romanum factum habet.

Induciarum tempore non est postliminium si quis per bellum captus fuerit.

§ 3. Postliminium habent qui non sponte sed inviti in potestatem hostium pervenerunt.

Postliminio igitur carent qui armis victi hostibus se dederunt et transfugæ.

Quod si quis invitus quidem in potestatem hostium pervenerit, sed postea, quum reverti posset, remanserit, jus postliminii amplius habere non potest.

Apud hostes susceptus filius, si postliminio redierit filii jura habet.

Jus postiminii passivum cadit maxime in res soli. Eo jure tamen recipiuntur etiam homines qui patriæ aut dominicæ nostræ potestati subditi fuerunt.

Transfugæ servo postliminium est, scilicet ut dominus in eum jus pristinum recipiat; nec obstat supra dicta regula : tranfugæ nullum postliminium esse, quod in libero transfuga tantum juris est.

Navibus longis atque onerariis propter belli usum, equis item postliminium est; non autem piscatoriis, neque si quas actuarias voluptatis causa paraverint, neque armis neque vestibus, quippe nec sive flagitio aut turpiter hæc amittuntur.

Res autem illas quæ nostro juri subditæ non fuerunt sed futuræ fuissent, si in hostium potestate non

fuissent, hoc jure recipimus. Hinc si me tibi adrogandum dedissem, emancipato me, reversum ab hostibus filium qui captus erat antequam me adrogares,
loco nepotis tibi futurum constat.

Quemadmodum res ab hostibus captae, si receptae
sunt, pristinorum juri dominorum, ita quoque servi
poenae ab hostibus capti poenae suae restituuntur.

§ IV. Tunc quis jure postliminii in sua jura restituitur, quum rediit, eo tamen animo ut ad hostes non
reverteretur, nihil interest quomodo reversus sit :
utrum dimissus, an vi propria vel nostra vel fallacia
potestatem hostium evaserit, vel redemptione redierit.
Captivis saepissime sufficit ut jus postliminii habeant,
non autem redemptis donec redemptionis pretium sol-
verint; neque ei qui a nobis deditus fuerat hostibus,
nisi a nobis receptus sit.

Res jure postliminii recipiuntur tunc demum quum
in prioris domini potestatem pervenerunt aut saltem
in ejus qui teneatur eas ipsi restituere.

§ V. Postliminii juris is effectus est, quod retro
creditur in civitate fuisse qui ab hostibus advenit; in
eo tantum ut omnia quae in jure sunt pro eo habentur
ac si nunquam captivus qui rediit, hostium potitus
fuisset. Ei ergo restituit postliminium omnem suam
quamlemcumque conditionem.

Quaedam tamen non restituit postliminium. Puta :

1° Non restituit nuptias quae alterius captivitate
solutae sunt, nisi novo consensu reficiantur; quod si
tamen mulier, nulla probabili causa interveniente,

neque alii post constitutum tempus nupta, voluerit, poenis dissidii tenebitur.

2° Non restituit ea quæ sunt facti, ut est possessio, etenim, ut ait Tryphoninus, facti causæ infactæ nulla constitutione fieri possunt. Ideo eorum, quæ per semetipsum usucapiebat quis possidens ante captivitatem, interrumpitur usucapio : certum est eum possidere desiisse; eorum verò quæ per subjectas personas possidens usucapiebat, suo tempore impleri usucapionem constat.

3° Denique non restituit postliminium stipendia temporis quo miles apud hostes fuit; neque ejusdem temporis donativa.

Jure postliminii res recipiuntur cùm causa quam habebant quum captæ sunt.

SECTIO II.

De redemptis ac hostibus.

Videndum quale jus redemptori competat, tam in liberos homines quam in cœteras res quas ab hostibus redemit; quibus redemptoribus et in quas personas resve hoc jus competat; denique qnando hoc jus solvatur.

ARTICULUS 1. — Aliud in liberum hominem aliud in servum cœteras que res jus redemptori competit.

Ab hostibus redempti, quoad exsolvatur pretium

redemptori magis in causam pignoris constituti quam in! servilem conditionem esse detrusi videntur, inde est quod, durante redemptoris pignore, redemptus non debet tractari ut mancipium nec prostitui.

Si quis servum redemerit, protinus est redimentis quamvis scientis alienum fuisse. Postliminio igitur, id est pristinæ conditionis restitutioni obstat redemptoris jus : a domino autem oblato redemptori pretio, post-liminio rediisse servus creditur.

Præterea inest redemptæ rei omnis causa quam habebat priusquam in hostium potestatem pervenerit : puta, causa pignoris quo nexa res erat antequam caperetur. Pariter inerit rei redemptæ causa rei furtivæ, si antequam ad hostes perveniret subrepta fuerit.

ARTICULUS 2. — Jus, de quo loquimur, his demum redemptoribus competit, qui captivum captasve res pretio redemerunt; sed nec ei qui pretio redemerit jus pignoris competit, si pietatis causa redemisse putatur.

ARTICULUS 3. — Jus redemptoris personam rem ve redemptam non egreditur.

Solvitur redemptoris jus quatuor modis :

1° Restituto redemptoris pretio, quod quidem cogitur ille à redempto vel ab alio oblatum accipere.

2° Condonato redemptionis pretio. Condonatum autem præsumitur ex nuptiis inter redemptorem et redemptam personam secutis.

3° Personæ aut rei redemptæ interitu.

4° Denique ex Honorii et Theodosii constitutione, finitur hoc pignus quinquennali operarum obsequio.

SECTIO III.

Do fictione legis Corneliæ circa eos qui captivitate moriuntur.

Ex lege Cornelia, in omnibus partibus juris, is qui reversus non est ab hostibus, quasi tunc decessise videtur quum captus est.

Ea maxime hujus fictionis utilitas est, ut si hæc non subveniat, ejus qui apud hostes decessit, hæreditas dici non possit.

Hujus autem fictionis virtute, captivus qui apud hostes mortuus erit, eos habebit hæredes quos habiturus esset si tunc mortuus esset quum captus sit, sive illi tunc in civitate essent, sive apud hostes, unde postea reversi sint.

Bona eorum qui in hostium potestatem pervenerint Sive factionem testamenti habuerint, sive non; ad eos pertinent ad quos pertinerent si in potestatem hostium illi non pervenissent, sed tum quum capti sunt decessissent.

Eadem omnia pertinent ad hæredem captivi quos ipse habiturus esset si postliminio revertisset. Porro quæcumque servi captivorum stipulantur vel accipiunt, dominis acquiri intelliguntur quum postliminio redierint.

Quare necesse est ut etiam ad eos pertineant qui ex lege Cornelia hæreditatem adierint. Inde sequitur

quod ea quæ peculiari nomine servi captivorum pos-
sident in suspenso sunt. Nam si domini postliminio
redierint, eorum facta intelliguntur; si ibi deces-
serint, per legem Corneliam ad hæredes eorum per-
tinebunt.

Quod si filius ejus qui in hostium potestate est,
accipit aut stipulatur, id, patre priusquam postliminio
rediret mortuo, ipsi acquisitum intelligitur, et si,
vivo patre, decesserit, ad hæredem patris pertinebit.

DE INTERDICTIS ET DEPORTATIS ET RELEGATIS

(*Dig.* lib. XLVIII, tit. 22).

Notissima et generalis divisio pœnarum in capitales et non capitales. Capitales sunt quæ vitam natu-
ralem ant civilem adimunt, non-capitales quæ damna-
tum non minuunt capite.

De duabus solum inter capitales pœnas, scilicet de
aquæ et ignis interdictione et de deportatione mihi
agendum est, quæ civitatem non libertatem adimunt.

De interdictis et deportatis.

Harum pœnarum antiquissima est aquæ et ignis
interdictio, quæ perduellionis, id est capitalis crimi-

nis, stante republica, irrogabatur; quæ olim non nisi indirecte jura civitatis adimebat. Postea ex consilio Liviæ, certam in insulam deportationem instituit Augustus, et jamdudum minus frequentari cœpit aquæ et ignis interdictio.

Deportatio sicut et interdictio civitatem Romanam adimit. Differt autem interdictio quod ad tempus addicatur, perpetua sit deportatio, is etiam cui aqua et igne interdictum est, omni imperii loco arceatur; certo loco deportatus, hoc est insula quadam, concludatur.

Speciali quidem igitur civitatis jure non fruitur, jure tamen gentium utitur; cui enim emere et vendere, locare, conducere, permutare, fœnus exercere et cætera similia agere licet; et postea quæsita pignori dare potest, nisi in fraudem fisci qui ei mortuo successurus est, ea obliget. Neque, quum liber liberave maneant deportatus deportatave, matrimonium dissolvi Marcellus putat.

Quum ea quæ juris civilis sunt non habeat, hinc civiles et legitimos actus exercere non potest : ita manumittere deportatum non posse divus Pius rescripsit : item directis actionibus agere et conveniri non potest; cæterum qui civitatem amisit et bona detinet, utilibus actionibus tenetur.

Ipsi et iam frustra testamento relinquitur, ipse frustra relinquit et instituit; benigne tamen concessum est ut alimenta possint ei reliqui.

Circa hujus pœnæ effectum observandum superest,

eumqui civitatem amitteret, nihil aliud juris adimere liberis, nisi quod ab ipso perventurum esset ad eos, si intestatus in civitate moreretur; ut puta hæreditatem ejus et liberos.

De relegatis.

Relegatio ad tempus vel in perpetuum vel in insulam, ad existimationem, non ad capitis periculum pertinet.

Triplex est relegatio : aut in insulam; vel certorum locorum interdictio, aut lata fuga ut omnibus locis, præter certum locum, interdicatur. Gravissima relegationis species est in insulam relegatio. Præsides provinciæ relegandi jus habent; in eam autem insulam quam in ea provincia cui præsunt, non habent, nullus ab eis relegandus est nisi ipè imperator insulam adsignet.

Altera relegationis species quæ in insulam relegationi proxime accedit, est interdictio omnium locorum præter certum locum.

Tertia relegationis species est quum cui certis duntaxat locis interdicitur.

Præses provincia quadam, præter suam, nulli interdicere potest; imperatores tamen rescripserunt etiam ea provincia interdici unde quis oriundus est abeo qui regit provinciam ubi quis domicilium habet. Sed et eos qui, quum incolæ non essent, in ea provincia quid admiserint, æquum est ad rescripti auctoritatem pertinere.

Relegatio neque civitatem neque bona adimit; nisi specialiter ex sententia bona publicentur. Neque autem bona neque pars vel specialiter publicari possunt, nisi quum quis in perpetuum relegatus sit. Deportatio contra civitatem et bona tollit. Relegatus integrum suum statum et dominium rerum suorum et patriam dominicamve potestatem, cætera que omnia patris familias et patroni jura testamenti que factionem retinet.

DE BONIS DAMNATORUM.

(*Dig.* lib. XLVIII, tit. 20).

Damnationis bona publicantur quum aut vita adimitur aut civitas aut servilis conditio irrogatur.

ARTICULUS I.

Quæ bona damnatorum publicentur!

Bona damnati publicantur non ea solum quæ tempore damnationis habuit; sed et si quæ in fraudem fisci aut alienavit aut omisit acquirere. Hinc in fraudem fisci non per donationem solum, sed quocumque modo res alienatæ revocantur. Emptio tamen mancipii manumittendi approbari videtur. Hoc uno casu non videtur in fraudem fisci factum, quod quis acquirere omiserit : scilicet quum quidam capitis reus emancipasset filium, ut filius hæreditatem adiret.

Ad ea autem non porrigitur publicatio, quæ quis post damnationem acquirit. Hæc ita dum damnatus vivit. Cæterum deportati, nec earum quidem rerum quas post pœnam irrogatam habuerint, hæredem habere possunt ; sed et hæ publicabuntur.

Secus autem obtinebit in relegato cujus bona specialiter fuissent publicata.

Quinque legibus damnatæ mulieris dos publicatur : majestatis, vis publicæ, parricidii veneficii, de sicariis ; sed si alia lege capitis punita sit, quæ lex dotem non publicat, dos mariti lucro cedit.

Hactenus de casu quo mulier damnata est. Quod si autem pater qui pro filiâ dotem dedit, damnetur, nihil competit fisco, etiamsi in matrimonio postea filia decesserit, quo casu alias dos profectitia rediret ad patrem ; manebit ergo penes virum. Hæc de casu quo pater mulieris constante matrimonio damnatur.

Viro autem damnato nihil ex bonis mulieris publicandum ; dotem quam vir accepit et quidquid mulieri donavit, mulieri leges servari jubent.

Servorum capitis crimine damnatorum peculia dominis non auferri notum est, item de peculio filii familias damnati.

Ex bonis quæ publicantur res quædam excipiuntur, scilicet quæ ad panniculariam rationem pertinent, pannaculariæ sunt ea quæ in custodiam receptus secum attulit spolia damnatus, quibus que inductus est quum ad supplicium ducitur.

Articulus 2.

Quibus personis portio ex bonis damnati servetur.

Pars aliqua bonorum liberis vel patrono damnati servatur.

Quum naturalis ratio liberis parentium hæreditateus addiceret; æquissimum existimatum est, eo quoque casu quo propter pœnam parentis aufert bona damnatio, rationem haberi liberorum, quos nulla contingeret culpa, ne alieno admisso graviorem pœnam luerent, quod cum aliquâ moderatione definiri placuit: ut, qui ad universitatem venturi erant jure successionis, ex ea portiones concessas haberent.

Ex his quæ per flagitium damnatus acquisiit portiones liberorum non augentur.

Hæc portio in bonis patris damnati indulgetur non in bonis matris deportatæ, nisi beneficio principis, ex paternis autem liberi accipiunt qui ex justis nuptiis ante damnationem nati sunt et in potestate erant; vel etiam solum concepti. Admittuntur et adoptivi quidem, nisi fraudis causâ facta sit adoptio.

Si in libertinum animadversum sit, patrono ejus id, quod in bonis illius habiturus esset si is in quem animadversum est sua morte decessisset, eripiendum non erit: reliqua pars bonorum, quæ ad manumissorem non pertinebit, fisco erit vindicanda.

Articulus 3.

*Ex quo tempore bona publicentur et quid circa bona
ea post deportationem observetur.*

Non ut quis in carcerem ductus est, spoliari eum
oportet sed post condemnationem; reus igitur, in
reatu constitutus præterquam majestatis, bona sua
administrare potest. Post condemnationem verò revocantur quæ in fraudem fisci alienavit.

Cum onere æris alieni bona publicantur.

DE SENTENTIAM PASSIS ET RESTITUTIS.

(*Dig.* lib XLVIII, tit. XXIII).

Restitutio est indulgentia principis qua hi qui capi-
tali sententiâ damnati fuerant ad vitam civilem quo-
dammodo renascebantur quam amiserant.

Restitutio alia generalis alia specialis.

Generalis quum princeps generaliter omnibus de-
portatis reditum in patriam permittit, hæc civitatis
quidem jura restituit non autem pristinos honores
neque famam, neque etiam pristina jura privata:
qualia sunt jura familiæ patriæque potestatis.

Specialis ipsa est restitutio quæ certis personis
conceditur; vel specialiter exprimit ea quæ princeps

personæ concedit, vel per generalia illa verba, restitutio in integrum, concepta est.

Prioris generis restitutio intrà jura expressa con-
cluditur neque ad alia porrigitur. Multò minus bonorum
restitutionem nuda poenæ remissio continere videtur.

Aliud restitutionis specialis genus plenissime An-
toninus Caracalla interpretabatur quum cuidam in
insulam deportato dixisset : restituo te in integrum
provinciæ tuæ; ut autem scias quid sit in integrum
restituere, honoribus et ordini tuo et omnibus cæteris
te restituo.

Constantinus autem definit, in speciali quæ alicui
indulgetur restitutione, etiamsi non generaliter concepta esset, sed eo tantum expresso ut dignitas ac bona
restituantur; eo casu, ex Papiniani sententiâ, patria
quoque potestas restituta intelligeretur.

Has tamen constitutioni suæ limitationes addit :
1° ut rata sint omnia quæ liberi ipsius qui in ejus potestatem recidunt, interim gesserint; 2° ut, si filii sint
impuberes, et is qui restituitur, sit prodigus, admi-
nistratio bonorum pupillarium tutori servetur.

Illud verò controversum non fuisse videtur, jura
cognationis per quamlibet restitutionem recipi.

Si quis deportatus restitutus dignitatem quidem
indulgentiâ principis recuperaverit, quum non sit hæc
in integrum restitutio, in sua omnia bona non est
restitutus : neque igitur a creditoribus, neque publico
nomine circumveniri potest, neque vice versâ, quas
ante sententiam habebat, actiones recipit.

2

Ei qui bonorum restitutionem impetravit et adversus eum actiones perinde competere incipiunt, atque ante sententiam competebant, et in eâdem causâ in quâ erant. Hæc ita quum universa bona restituta sunt, secus si certæ res tantum.

POSITIONES.

I. Postliminium non est inter Romanos et populum fœderatum.

II. Non transfugis liberis sed servis postliminium.

III. Si me adrogandum tibi dedissem, emancipato me, reversum al hostibus fllium meum loco nepotis tibi futurum constat.

IV. Captivus usucapere non desinit quum possidet per subjectas juri suo personas.

V. Si quis servum ignorams captivum, existimans vendentis esse, redemerit, an quasi usucepisse videatur, scilicet ne, post legitimum tempus, offerendi pretii priori domino facultas sit?

VI. Utrum servus, a redemptore manumissus, in jus prioris redit, an ita liber efficitur, ne præstatio libertatis dominii fiat translatio? Libertatem adipiscitur.

VII. Quum in eadem re occurrunt et prioris creditoris et redemptoris jus, præstat redemptoris jus.

VIII. Quum pater instituto impuberi filio substituit, et ab hostibus captus est ibi decessit, substitutio suas vires tenet; quod si filius ante moriatur in civitate, nihil est quod de secundis tabulis tractari possit.

IX. Quid inter deportationem et relegationem differentiæ?

DROIT FRANÇAIS.

Code pénal. Livre I, chap. ı et ıı, art. 12-43.
   Décret du 12 avril 1848 qui abolit la peine de l'exposition pu-
      blique.
   Loi du 8 juin 1850 sur la déportation.
   Loi du 30 mai 1854 sur l'exécution de la peine des travaux
      forcés.
   Loi du 31 mai 1854 portant abolition de la mort civile.
Code d'instruction criminelle. Livre II, titre IV, chap. ıı, art. 465
   à 477. Titre VII, chap. ıv, art. 619 à 634; chap. v, art. 635
   à 643.
   Loi du 2 janvier 1850 qui modifie l'art. 472 du Code d'instruc-
      tion criminelle.
   Loi du 3 juillet 1852 sur la réhabilitation des condamnés.

CODE PÉNAL.

Une grave question domine le Code pénal. Quel est
le fondement légitime du droit de punir exercé par la
société? Il s'est produit depuis le commencement du
dix-huitième siècle jusqu'à nos jours un grand nombre

de systèmes qui ont assigné au droit de punir des bases différentes ; mais aucun ne nous semble mieux satisfaire la conscience et la raison que celui-ci :

Le bien mérite d'être rémunéré par le bien, le mal par le mal ; nous éprouvons une jouissance morale, si ce rapport est observé ; nous souffrons moralement s'il ne l'est pas. Mais la société est-elle chargée de mesurer et d'infliger ce châtiment ? Elle en a le droit parce qu'elle doit défendre son existence et prévenir sa dissolution par les salutaires effets de l'exemple.

La justice absolue et l'utilité sociale, tel est donc pour la société le double fondement de la légitimité du droit de punir ; ce sont ces deux idées alliées l'une à l'autre qui doivent servir de mesure dans la fixation du châtiment.

Ces deux principes ne sont pas seulement la source du droit de punir, ils déterminent aussi quel doit être le but des peines et quelles en sont les qualités principales ; concourir à la conservation et au bien-être social, en contribuant à procurer l'observation du droit dans la société au moyen de l'application d'un mal infligé dans certains cas à celui qui a violé le droit ; tel est le but des peines, être correctionnelles et exemplaires, telles en sont les qualités essentielles.

Quant aux qualités relatives aux conditions de légitimité des peines, elles doivent être afflictives ; ce serait renverser la loi morale que de rémunérer le mal par le bien.

Morales, c'est-à-dire qu'elles ne doivent pas être de nature à corrompre chez le condamné ou dans le public le sentiment de la morale; — personnelles, c'est-à-dire qu'elles ne doivent frapper directement ou indirectement aucun autre que le coupable.

Quant à leur mesure, elles doivent être égales, c'est-à-dire que la même peine doit affecter également tous ceux qu'elle frappe; une peine qui n'est pas égale à l'inconvénient d'être inappréciable, le législateur en l'édictant pour tel et tel fait, le juge en l'appliquant à tel et tel coupable, ne peuvent mesurer d'avance l'effet qu'elle devra produire.

Elles doivent être divisibles, c'est-à-dire susceptibles de degrés d'affliction proportionnés aux nuances de la culpabilité. Le législateur satisfera à cette condition, soit au moyen de la durée, pour celles de nature à se prolonger plus ou moins longtemps, comme le sont les peines privatives de la liberté, soit au de la quotité, pour celles qui consistent dans une privation de biens ou de droits.

Elles doivent encore être révocables, c'est-à-dire remissibles; car si l'amendement moral est opéré et si la société est à la fois satisfaite, quant au passé et garantie quant à l'avenir, la peine devient inutile.

Enfin, pour remédier à l'imperfection des jugements humains, elles doivent être réparables, non-seulement dans l'avenir, mais encore dans le passé : mais comment réparer dans le passé les effets d'une douleur accomplie? Les réparations ne seront jamais qu'indirectes, mais le législateur et le juge devront les rendre aussi efficaces que possible.

L'infraction que les peines ont pour but de punir consiste à faire ce que défendent, ou à ne pas faire ce qu'ordonnent sous peine de châtiment, les lois qui ont pour objet l'ordre social et la tranquillité publique.

Notre Code pénal divise les infractions en trois classes : les contraventions, les délits et les crimes. A cette division correspond celle des peines :

Les peines de simple police,

Les peines de police correctionnelle,

Les peines criminelles.

Nous nous occuperons des peines criminelles et des peines correctionnelles ; et parmi les premières, d'abord des peines principales, puis des peines accessoires.

DES PEINES EN MATIÈRE CRIMINELLE.

PEINES PRINCIPALES.

Les peines principales sont celles qui ont une existence par elles-mêmes et fonctionnent à ce titre comme instrument direct de pénalité ; elles ne sont appliquées qu'autant qu'elles sont expressément prononcées par la sentence.

Peine de mort. — La peine de mort consiste dans

la simple privation de la vie. Le Code pénal de 1810 consacra de nouveau le principe de la Constituante, qui proclamait qu'aucune torture ne pouvait désormais être exercée envers le condamné; toutefois, le législateur n'avait pas cru trop rigoureux de condamner le parricide à avoir le poing coupé; cette mutilation, qui précédait l'exécution, a été supprimée avec justice par la loi de révision de 1832. Ce supplice n'avait, en effet, aucune efficacité pénale, car celui que la crainte de la mort n'avait pas détourné d'un forfait tel que le parricide, pouvait-il être arrêté par la crainte d'un supplice accessoire; il y avait d'ailleurs un inconvénient plus grave, c'est qu'en éveillant parmi le public un certain sentiment de compassion, et en augmentant l'horreur du châtiment, ce supplice atténuait les effets de l'exemple et de l'intimidation. La loi de 1832 a toutefois, malgré de vives oppositions, conservé dans l'art. 13 d'autres détails préparatoires destinés à aggraver l'exécution du parricide.

Une des questions les plus controversées depuis un siècle et demi, est, sans contredit, celle relative à la légitimité de la peine de mort; soumettons cette question à la théorie fondamentale du droit de punir.

Nous savons qu'aucune peine ne peut être appliquée au nom de la société si elle n'est à la fois juste et nécessaire. Vainement serait-elle nécessaire, si elle n'est pas juste, de quel droit la société s'en servirait-elle? Vainement serait-elle juste, si elle n'est pas nécessaire, de quel droit en frapperait-elle le coupable ? Pour démontrer le maintien de la peine de mort il faut donc démontrer à la fois que cette peine est juste et qu'elle est nécessaire.

Si nous descendons dans notre conscience pour nous représenter un criminel qui a tué avec sang-froid, préméditation, qui s'est fait peut-être une joie féroce et un plaisir savouré des tortures de sa victime, nous demeurons convaincu, tout en étouffant le cri populaire, le cri de la vengeance, que dans ce cas, la peine de mort ne dépasse pas le compte de la justice absolue : mais est-elle nécessaire ?

La nécessité est une chose relative, elle existera en telle ou telle occasion, et n'existera pas en telle autre, s'il est constant, suivant l'état imparfait des mœurs et des institutions, que la terreur de cette peine soit le seul moyen de garantir la société contre le retour de pareils crimes, la légitimité du droit de l'appliquer est démontrée ; Mais si le danger social, eu égard à l'état des mœurs et des institutions, est nul ou tout au moins fort léger, la peine de mort, si juste qu'elle soit, cessant d'être nécessaire, deviendra par là même inapplicable, c'est ainsi que dans un système pénal, organisé suivant les principes de la science rationnelle, la peine de mort devra disparaître, et pourra disparaître immédiatement sans danger.

Elle a d'ailleurs déjà été abolie par la loi de 1832 dans plusieurs cas où elle s'appliquait autrefois, et depuis le décret du 26 février 1848, elle a été abro

gée en matière politique. Servant tour à tour d'arme
meurtrière au vainqueur du jour contre ceux qui s'en
étaient servi la veille, elle est tombée sous la double
proscription de la raison et de l'opinion publique ; elle
a été remplacée par la déportation dans une enceinte
fortifiée, par la loi du 8 juin 1850. Au point de vue
de son mérite théorique, elle est irréparable et indivisible ; mais elle est, de toutes les peines, la plus appréciable et la plus égale.

Travaux forcés. Ces peines consistaient pour les
hommes, d'après le Code pénal (art. 15), à être employés aux travaux les plus pénibles, en traînant un
boulet à leurs pieds ou en étant attachés deux à deux
avec la chaîne, lorsque la nature du travail le per-
mettait. Quant aux femmes et aux filles, leur condamnation aux travaux forcés se convertit en une réclusion ; c'est dans l'intérieur d'une maison de force
qu'elles subissent leurs peines sans être assujéties
aux fers.

La loi du 30 mai 1854, qui conserve la dénomina-
tion du Code pénal et ne règle en apparence que le
mode d'exécution, a substitué véritablement aux travaux forcés, la transportation avec travaux forcés, tout
en maintenant, d'ailleurs, les deux degrés de peines,
l'une perpétuelle, l'autre temporaire avec un minimum de 5 ans et un maximum de 20 ans.

Art. 1. La peine des travaux forcés, d'après la
nouvelle loi, sera subie dans des établissements créés,
par décret de l'Empereur, sur le territoire d'une, ou

plusieurs possessions françaises autres que l'Algérie. En cas d'empêchement, la peine sera subie provisoirement en France.

Les transportés sont employés aux travaux les plus pénibles de la colonisation et à tous les autres travaux d'utilité publique. Des motifs d'humanité ont supprimé l'assujettissement aux fers, et les condamnés des deux sexes qui se rendront dignes d'indulgence par leur bonne conduite, pourront obtenir : 1° l'autorisation de travailler aux conditions déterminées par l'administration ; 2° une concession de terrain et la faculté de la cultiver pour leur propre compte ; 3° l'exercice de tout en partie de leurs droits civils ; cette disposition s'étend même aux condamnés à perpétuité (art. 4 de la loi du 31 mai 1854).

L'art. 6 nous montre une disposition qui semble être une aggravation de la peine des travaux forcés à temps, sous le rapport de la durée. Voici cette disposition : Tout individu condamné à moins de huit années de travaux forcés, sera tenu, à l'expiration de sa peine, de résider dans la colonie pendant un temps égal à la durée de sa condamnation ; si la peine est de huit années, il sera tenu d'y rester pendant toute sa vie. Cette disposition est moins rigoureuse qu'elle ne paraît l'être au premier abord, car d'une part, les juges en tiendront compte dans la fixation de la durée de la peine, d'autre part, ce même art. 6 donne au gouvernement le pouvoir d'autoriser le libéré à quitter momentanément la colonie, sans cependant qu'il puisse, en aucun cas, lui être permis de se rendre en France. S'il est libéré de sa peine par l'effet de sa grâce, il pourra être dispensé de cette obligation de résidence par une disposition spéciale des lettres de grâce, qu'il obtiendra d'autant plus facilement, qu'il aura été soumis dans la colonie à un système de pénalité plus correctionnel, plus propre à opérer son amendement que le régime des anciens bagnes. Enfin, les concessions de terrains qui lui auraient été faites à titre provisoire pendant la durée de sa peine et qui pourront devenir définitives après qu'il l'aura subie (art. 11), les concessions nouvelles qui pourront lui être accordées à titre provisoire ou définitif (art. 13), sa réintégration possible dans tout ou partie des droits dont il avait été privé par l'effet de sa condamnation (art. 12). Toutes les mesures auront pu lui créer, dans la colonie, une existence plus aisée et plus heureuse qu'il n'en pourrait espérer dans sa patrie.

L'art. 4 de la nouvelle loi statue que la transportation est aussi applicable aux femmes; mais c'est là une disposition facultative; ce sera à l'administration à juger si la transportation est possible sans compromettre leur existence.

Déportation. — Cette peine a été destinée particulièrement par le Code de 1810 aux crimes politiques non capitaux, et décrétée en principe dans ces termes par l'art. 17 de ce Code : la peine de la déportation consistera à être transporté et à demeurer à perpétuité dans un lieu déterminé par le gouvernement hors du territoire continental de la France; faute d'un lieu déterminé pour l'exécution, cette peine a été remplacée par une détention de fait aux ordres du gouvernement. La loi de révision de 1832 légalisa cette substitution pour tout le temps qu'il ne serait pas établi de lieu de déportation, ou que les communications seraient interrompues entre le lieu de la déportation et la métropole.

Une des lois de septembre 1835 y ajouta une sévérité de plus en permettant aux juges d'ordonner expressément, par l'arrêt de condamnation, que la détention serait subie dans une prison hors du territoire continental. Cette sévérité, qui n'eût jamais d'application se trouve abrogée par la loi du 8 juin 1850, portant : 1° l'institution de la peine de la déportation, dans une enceinte fortifiée, pour remplacer la peine de mort abolie en matière politique par la Constitution de 1848; 2° l'affectation de l'île de Noukahiva dans les îles Marquises, en exécution de l'art. 17 du Code pénal.

Nous avons donc maintenant deux sortes de déportation correspondant aux deux premiers degrés des peines politiques ; au sommet la déportation dans une enceinte fortifiée; au second degré, la déportation simple. Toutes deux sont organisées par la loi de 1850 qui, d'ailleurs, a maintenu formellement l'art. 17 du Code pénal comme applicable, concurremment avec la nouvelle loi, à la peine de la déportation simple (art. 5).

Il est des règles communes aux deux degrés de déportation. Ainsi les déportés jouiront dans le lieu de la déportation de toute la liberté compatible avec la garde de leur personne. Ils y seront soumis à un régime de police et de surveillance déterminé par un règlement d'administration publique; ils ne seront pas soumis au travail par contrainte : ils seront libres du choix de leur travail; mais des moyens de travail réglementairement déterminés par le gouvernement leur seront donnés, s'ils le demandent. Le gouvernement pourvoira aussi à l'entretien de ceux qui ne subviendraient pas à cette dépense par leurs propres ressources. (Art. 6.)

Déportation dans une enceinte fortifiée. — Règles spéciales. — Les déportés ne sont pas enfermés dans une citadelle, mais seulement dans une enceinte fortifiée; le lieu où s'exécute la déportation aggravée est la vallée de Waïthau, dans une des îles Marquises. (Art. 4.)

L'art. 2 est relatif à l'abaissement de peine, qui résultera de la déclaration des circonstances atténuantes; il n'est dans sa première partie que la reproduction du premier alinéa de l'art. 463 du Code pénal, avec le simple changement résultant de la substitution de la peine de la déportation aggravée à la peine de mort : dans le cas dont nous parlons, la Cour continuera à prononcer la peine de la déportation simple, ou celle de la détention. Cette règle, en effet, n'avait pas besoin d'être modifiée; elle était d'accord avec la

logique; on ne sortait pas des peines politiques; mais
dans le cas des art. 86, 96, 97 du Code pénal où le
crime est aussi purement ou principalement politique, et où les anciens textes prononçaient la peine de
mort, l'art. 463 ordonnait, par suite de l'abaissement
de peine, l'application des travaux forcés à perpétuité
ou à temps; c'était appliquer des peines de droit
commun à des crimes politiques. La mort a été remplacée par la déportation aggravée, et dans le cas de
circonstances atténuantes, la loi nouvelle, rectifiant
l'irrégularité du Code pénal, ordonne l'application
d'une peine politique, la peine de la déportation simple, et c'est la seule peine qui puisse être prononcée;
ici, vu la gravité de l'attentat, la loi, contrairement
à la règle générale suivie dans l'art. 463, ne donne
pas à la Cour là faculté d'abaisser la peine de deux
degrés.

Déportation simple. — Règles spéciales. — C'est
l'ancienne peine, destinée particulièrement par le
Code pénal de 1810 aux crimes politiques, qui n'en-
traînaient pas la peine de mort. Le régime des déportés de cette classe est à peu près le même que celui
des déportés de la première classe; mais ils ne sont
ni entourés d'un appareil militaire, ni soumis à une
surveillance aussi sévère; enfin le lieu où leur liberté
d'action se trouve concentrée est beaucoup plus vaste;
il ne s'étend pas cependant à la totalité de l'île de
Noukahiva; aussi, cette peine laissant au déporté une
latitude qui peut prêter aux facilités d'évasion; le

législateur a pensé devoir en garantir l'efficacité par une autre peine subsidiaire. L'art. 17 du Code pénal prononce contre le déporté qui rentrerait en France, la peine des travaux forcés à perpétuité; s'il est saisi dans les pays occupés par les armées françaises, et s'il ne s'est pas rendu antérieurement en France, il sera simplement reconduit au lieu de sa déportation.

La déportation ou transportation, considérée soit au point de vue théorique, comme système de pénalité, soit au point de vue pratique, c'est-à-dire telle qu'elle a été réalisée par nos lois positives, présente plusieurs avantages et plusieurs inconvénients. D'abord, cette pénalité pêche par deux vices capitaux : l'inégalité et le défaut d'intimidation; elle est de la plus grande inégalité, et cette inégalité agit en sens inverse de la moralité des condamnés, car tandis que cette expatriation profonde est un grand déchirement pour ceux que rattachent à la patrie les liens de la famille et de la Société, et ce sont en général les moins pervertis, elle est pour les malfaiteurs endurcis, un attrait, une aventure, l'espérance d'une vie meilleure; elle est par là même, sans intimidation, précisément sur l'esprit de la population où se cachent les éléments les plus dangereux, et par suite, sans protection suffisante pour la Société. Mais du moins, elle garantit la Société contre le malfaiteur qui vient d'être condamné; elle sert merveilleusement à la réforme morale du condamné, en l'enlevant du milieu de la Société où il trouve les mobiles et les occasions du

crime, et en lui donnant l'assurance d'un adoucisse-
ment de sa peine, en récompense de sa bonne conduite et de son amendement, et celle d'un établisse-
ment avantageux dans la colonie après sa libération.
Mais s'agit-il d'appliquer cette pénalité aux crimes politiques, la thèse est différente : Les deux vices que
nous signalons disparaissent et les avantages restent,
et même s'il y a encore inégalité, ce ne sera pas au
rebours, mais presque toujours dans le sens de la justice, cette peine étant plus dure aux chefs, aux me-
neurs, qu'aux agents secondaires.

Détention. — Art. 20. Peine introduite par la loi
de révision de 1832 : elle est au 3e degré dans l'échelle
des peines politiques ; elle consiste à être renfermé
dans l'une des forteresses situées sur le territoire continental de l'empire qui auront été déterminées par un
décret impérial, rendu dans la forme des réglements
d'administration publique. Cette peine se réduit à la
privation de la liberté ; les condamnés ne peuvent être
assujettis à aucun travail et il leur est permis de communiquer avec les personnes de l'intérieur et du
dehors ; mais l'exercice de ce droit est soumis à des
conditions de garantie déterminées par décret impérial.

La détention est une peine temporaire, elle ne
peut être prononcée pour moins de 5 ans ni pour
plus de 20 ans, sauf le cas prévu par l'art. 33. D'après
cet article, le banni qui, avant l'expiration de sa peine,
rentrera sur le territoire de l'empire, sera condamné
à la détention pour un temps au moins égal au temps

de bannissement restant à courir et qui ne pourra excéder le double. C'est uniquement au minimum de la détention que s'applique cette exception, puisque le maximum de la peine du bannissement est de 10 ans.

Réclusion. — Cette peine est de droit commun, elle diffère de la précédente sous plusieurs rapports. Fixée à un minimum de 5 ans et à un maximum de 10, elle entraîne l'obligation du travail et l'interdiction de communiquer ; elle suppose le séjour dans une maison de force et son caractère d'infamie est justement flétri par l'opinion publique ; enfin la peine de la réclusion, et c'était une de ses principales différences, entraînait, avant le décret du 12 avril 1848, l'exposition publique. Cette peine honteuse était appliquée comme peine accessoire aux condamnés aux travaux forcés à perpétuité ou à temps ou à la réclusion. La loi de 1832 l'abolit comme peine principale ; il y avait en effet imprudence et péril social à l'appliquer ainsi, à ne mettre aucune intervalle entre la plus éclatante infamie et la plus entière liberté, à rendre à tous moyens de nuire un coupable qui descendait de l'échafaud bien moins corrigé qu'irrité. On permit d'abord à l'indulgence des juges de soustraire le criminel à cette infamie (art. 22), et le décret du 12 avril 1848 fit disparaître complétement cette peine aussi inégale que peu exemplaire, puisqu'elle agissait en sens inverse de la moralité du coupable, et qu'elle était pour le criminel endurci un instrument de parade, et pour la populaçe, un sujet de moquerie et de dérision.

Bannissement. — Le bannissement consiste dans la privation temporaire, pendant cinq ans au moins et dix ans au plus, d'habiter le territoire français. Certains publicistes ont critiqué sévèrement cette peine : rejeter sans pitié sur ses voisins les coupables dont on veut se défaire, n'est-ce pas méconnaître les liens d'humanité et de fraternité qui doivent unir les peuples : ces objections perdront de leur valeur si le bannissement ne figure dans une législation que comme une peine applicable à des crimes tout à fait locaux, à des crimes dont le déplacement des condamnés rendra le renouvellement impossible ou improbable, à des crimes politiques, par exemple.

C'est à des faits de cette nature que la loi française l'applique, et d'un ordre très-secondaire.

Le banni qui aura rompu son ban sera condamné à la détention sur la seule preuve de son identité (art. 33). Une pareille disposition, dans l'art. 17, statue sur la rupture de ban en cas de déportation simple : si nous rapprochons de ces mots les art. 518 et 519 du Code d'instruction criminelle, il résulte :

1° Que la peine composée par l'art. 33 contre le banni, et celle prononcée par l'art. 17 contre le déporté, qui ont rompu leur ban, ne peuvent jamais être prononcées dans les condamnations par contumace ; elles ne peuvent l'être que contradictoirement (art. 519). La constatation de l'identité d'un individu qu'on n'a pas sous les yeux ne saurait être qu'incertaine;

2° Que ces arrêts doivent être rendus par la cour sans assistance de jurés.

Cette disposition est impossible à justifier, dira-t-on qu'il n'y a qu'un fait matériel, qu'un fait dénué de tout calcul d'intention, de toute appréciation de moralité? Mais les jurés sont essentiellement des juges de faits, et ils auraient précisément à examiner si le banni est venu avec une intention criminelle, ou avec celle de fermer les yeux de sa mère; s'il a été jeté par la tempête ou expulsé par l'autorité étrangère.

Dégradation civique, art. 34 et 35. — La dégradation civique est tantôt une peine principale et tantôt une peine accessoire à toute condamation criminelle, soit temporaire, soit perpétuelle. Elle consiste dans la privation de certains droits civiques, civils et de famille, et elle dure tant que la réhabilitation n'a pas été obtenue; mais elle est perpétuelle dans le cas où le comdamné a prescrit sa peine principale (619 Code. ins. crim.), ainsi qu'à l'égard du récidiviste de crime à crime, et du condamné qui, après sa réhabilitation, a commis un nouveau crime (634, *idem*).

La dégradation civique a le tort d'accorder une dispense là où elle entend frapper d'une peine, d'infliger des pénalités qui sont sans aucun rapport avec l'acte qu'elle veut punir, et de frapper indirectement des tiers. S'il est vrai qu'en privant certains criminels du droit de tutelle et du service militaire, la société a pris une précaution fort sage pour l'avenir; n'a-t-elle pas accordé à d'autres coupables une faveur, une dispense, comme lorsqu'elle frappe un fonctionnaire qui a non pas malversé dans l'exercice de ses fonctions, mais commis un empiétement de pouvoir? art. 127. Si la privation du droit de vote, d'élection d'éligibilité est une peine appropriée avec la plus grande justice au citoyen qui a été surpris falsifiant le billet dans les élections (111), on ne comprend pas pourquoi, en raison de cette infraction, qui est d'un ordre tout politique, la loi le prive en même temps de certains droits de famille, des droits de tutelle, par exemple.

Cette pénalité n'a pas seulement l'inconvénient d'être illusoire et sans analogie, elle effleure à peine le coupable et retombe de tout son poids sur les tiers; en refusant d'entendre comme témoin celui qui a peut-être seul assisté au fait que l'on veut établir, ce n'est pas le coupable que l'on frappe, puisqu'il n'a aucun intérêt personnel, c'est l'innocent qui se trouve ainsi dans l'impossibilité d'obtenir justice.

La loi ajoute que ce témoin pourra être entendu pour y donner de simples renseignements. Maintenant qu'on ne pèse plus les témoignagnes et qu'on s'adresse uniquement à la conscience du jury et des juges, la différence consiste à ne pas entendre le témoin sous la foi du serment. Cette différence est difficile à justifier; car de deux choses l'une : ou le fait à raison duquel la dégradation est encourue est de nature à inspirer des doutes sur la bonne foi du témoin, et alors refuser de l'entendre sous la foi du serment, c'est enlever une garantie à la puissance de son témoignage ; ou le fait n'est pas de nature à rendre son témoignage suspect, et alors pourquoi mettre une différence entre sa déposition et celle d'un autre ?

Les inconvénients que nous avons signalés n'auraient pas existé si le législateur eût procédé comme dans l'art. 42, où il autorise le juge à appliquer isolément, tel ou tel genre de déchéance, à la nature du délit qu'il s'agit de punir.

La dégradation civique est de plus peu appréciable et très inégale, surtout lorsqu'elle est appliquée comme peine principale. La loi, pour y remédier, donne aux juges (art. 35) un moyen facultatif de la rendre plus efficace en y ajoutant un emprisonnement subsidiaire dont le maximum est de cinq ans. Dans deux cas seulement la loi est impérative : c'est quand le coupable est un étranger, ou un Français qui a perdu la qualité de citoyen.

Il nous reste, pour terminer ce que nous avons à dire des peines principales en matière criminelle, à fixer le point de départ de la durée des peines temporaires. Quoique l'art. 23 semble s'appliquer uniquement aux peines criminelles, nous l'appliquerons aussi aux peines correctionnelles, parce que l'art. 24, qui règle le cas d'un emprisonnement, c'est-à-dire d'une peine correctionnelle, est prescrit comme une exception à l'article précédent.

Art. 23. « La durée des peines temporaires comptera du jour où la condamnation sera devenue irrévocable. » Or, les condamnations contradictoires en matière criminelle sont irrévocables à l'expiration du délai de trois jours accordé pour se pourvoir, ou bien s'il y a eu pourvoi et que ce pourvoi ait été rejeté, du jour de l'arrêt du rejet, ou enfin si l'affaire a été renvoyée par la Cour de cassation devant une autre Cour, à l'expiration des trois jours donnés pour se pourvoir contre ce nouvel arrêt; dans tous les cas, le pourvoi aura pour effet de reculer le point de départ de la peine, et par conséquent de priver d'autant le condamné de sa liberté; il pourra donc résulter pour lui une grande injustice : d'une part, si la Cour de cassation a admis son pourvoi et renvoyé l'affaire devant une nouvelle Cour pour l'application d'une peine moins forte, et, d'autre part, s'il y a eu rejet du pourvoi mal à propos formé par le ministère public, ou si le pourvoi du ministère public a été admis et l'arrêt cassé pour erreur des premiers juges.

L'art. 24 a fait disparaître ces fâcheux résultats pour les condamnations à la peine de l'emprisonnement correctionnel. La durée de la peine devra se calculer du jour du jugement ou de l'arrêt; il en sera ainsi, du moins quand l'appel ou le pourvoi sera formé par le ministère public, ou même par le condamné, si la peine est réduite sur son appel ou son pourvoi; mais il y aurait danger à appliquer la même règle, si l'appel ou le pourvoi formés par le condamné ont été rejetés; c'eût été l'objet d'un calcul pour le condamné qui n'aurait jamais manqué d'interjeter appel à tout hasard.

Si le législateur a écarté, en matière d'emprisonnement correctionnel, l'application absolue du principe de l'art. 23, c'est que, d'une part, l'état de détention préalable dans lequel se trouve le condamné avant l'exécution de sa condamnation est fort analogue à celui où cette exécution le placera quand il s'agit d'un emprisonnement correctionel, et qu'en outre, les délais de l'appel sont fort longs. Sous ce double rapport, il en est tout autrement en matière criminelle.

PEINES ACCESSOIRES.

Les peines accessoires ne sont pas prononcées; mais elles sont attachées, comme conséquence implicite, soit à l'irrévocabilité, soit à l'exécution des peines principales; elles sont au nombre de quatre :

1° La dégradation civile;

2° L'interdiction légale;

3° La double incapacité de disposer ou recevoir par donation entre-vifs ou testament, si ce n'est pour cause d'aliments, et la nullité du testament fait antérieurement à la condamnation. Ces déchéances ont remplacé la mort civile;

4° La surveillance de la haute police.

Ces peines ont pour motif l'indignité du coupable, l'incompatibilité de sa participation aux actes de la vie publique ou privée avec l'exécution de la peine qui lui est infligée, enfin la garantie de l'efficacité de la peine.

Nous avons étudié plus haut la dégradation civique.

L'*interdiction* *légale* prive le condamné de l'exercice direct et personnel de ses droits privés et le confie à un tuteur et à un subrogé-tuteur. La loi assimile sous certains rapports l'état d'interdiction légale à celui d'interdiction judiciaire; mais il est d'autres règles que la loi applique aux interdits judiciaires et qui ne peuvent être étendues à l'interdit légal; il est certaines incapacités dont est frappé l'interdit judiciaire, non pas comme conséquence de son état d'interdiction, mais en raison de sa faiblesse d'esprit, incapacités qui pour ce motif ne peuvent atteindre l'interdit légal. Ces différences de caractère tiennent aux différences du fondement de ces interdictions. L'interdiction judiciaire est fondée sur l'incapacité intellectuelle; l'interdiction légale, sur une indignité morale et sur la nécessité de garantir l'efficacité de la peine. La première a un but de protection, la seconde un but de répression; par ces motifs, nous voyons quelle est l'étendue de l'interdiction légale. Aussi le Code dit-il que le tuteur et le subrogé-tuteur seront donnés au condamné pour gérer et administrer ses biens, et défend-il qu'aucune partie de ses revenus ne lui soit remise pendant la durée de la peine.

C'est une question controversée parmi les jurisconsultes que de savoir si l'interdit dont il s'agit pourrait valablement disposer par testament, ou contracter un mariage valable. Nous adoptons l'affirmative par les raisons sommairement exprimées que voici : — Ces actes ne rentrent pas dans la gestion ou administration des biens dont parle l'art. 29 du Code pénal. — Ils se réfèrent à des droits qu'il est impossible de faire exercer par procureur, de telle sorte qu'en retirer au condamné l'exercice serait lui en enlever indirectement la jouissance. — Cette incapacité de disposer par testament figure dans la loi nouvelle du 31 mai 1854, pour des cas plus graves qui auraient jadis entraîné la mort civile ; mais elle y figure en vertu d'un texte formel comme un surcroît de peines ajouté à la dégradation civique et à l'interdiction légale, par lesquelles la mort civile est remplacée. — Enfin, quant au mariage, il peut être l'accomplissement d'un devoir, la réparation urgente d'une faute. Il va sans dire que la possibilité de la célébration sera soumise, en fait, à la discipline, à l'autorisation du pouvoir qui régit la prison : mais l'aptitude légale n'en est pas retirée au condamné.

De ce que l'interdiction est une précaution prise contre le coupable, il s'ensuit que la nullité de ses actes est d'ordre public et qu'elle pourra être opposée par toute personne intéressée, par l'interdit lui-même ou ses représentants, et par les tiers avec lesquels il aura contracté.

D'après le Code pénal, art. 29, l'interdiction légale n'était attachée qu'aux peines criminelles temporaires, moins le bannissement ; les peines perpétuelles n'y étaient pas soumises; mais cette conservation de l'exercice de certains droits civils privés était rendue presque illusoire par l'ouverture de la succession au moment où le condamné encourait la mort civile; en abolissant cette dernière peine, le législateur a rattaché aux peines perpétuelles l'interdiction légale, devenue dès lors nécessaire, puisque le condamné conserve la propriété de ses biens et la jouissance de ses droits.

La loi attache l'interdiction légale à la peine, plutôt qu'à la condamation; c'est uniquement pendant la durée de la peine qu'elle est encourue; il faut donc pour cela une peine qui dure, qui existe pour le condamné; or les condamnations contradictoires seules ont cet effet. Aucune peine, au contraire, ne peut être subie en vertu d'une condamnation par contumace; car si le condamné se représente, la condamnation est anéantie.

Mais quelle sera au juste l'état des condamnés par contumace? La perception de leurs revenus leur est enlevée; il ne fallait pas, en effet, leur laisser des ressources qui eussent favorisé leur rébellion à la loi. L'art. 471 du Code d'instruction criminelle semble attribuer la gestion de leur fortune à leurs héritiers présomptifs : « Les biens du contumax seront considérés et régis comme biens d'absent. » Mais si on étudie les précédents législatifs de cette disposition, elle exprime simplement ce principe, que les revenus des biens du contumax ne seront plus confisqués au profit de l'État, contrairement à ce qui avait lieu sous l'empire de la loi criminelle précédente, le Code de brumaire an IV. Les biens sont régis par l'administration des domaines. Nous trouvons dans le chapitre même de la contumace, plusieurs dispositions qui servent de fondement incontestable à cette opinion. D'abord, dans ce même art. 471; la loi se sert du mot séquestre; or, si la loi redroduit cette expression, il est à croire qu'elle entend parler du séquestre ancien, du séquestre attribué, en pareil cas, à la régie des domaines par le C. de Brum. an IV. Seulement, les revenus ne seront plus confisqués et le compte du séquestre sera rendu, les revenus seront restitués à qui il appartiendra, c'est-à-dire soit au contumax de retour dans les vingt ans accordés pour prescrire sa peine, soit à ses héritiers présomptifs après l'expiration des vingt ans, ou si le contumax meurt dans ce délai. Secondement, le but du séquestre dont parle notre article, c'est en mettant sous la main de l'État les biens du contumax, de s'assurer qu'il ne pourra pas lui être envoyé de secours, de nature à prolonger son état de résistance à la loi. Or, la liberté dont jouit le contumax explique le surcroit de précautions qu'on a dû prendre contre lui : la simple interdiction légale avec tutelle, plus encore l'administration des héritiers présomptifs eussent été illusoires en pareille circonstance; de plus, d'après l'art. 472, l'extrait de la condamnation par contumace doit être transmis sans délai au directeur de l'enregistrement des domaines; or à quoi bon cette communication, si ce n'est pour l'avertir que la loi lui confère l'administration des biens du condamné? Enfin l'art. 475 décide que, durant le séquestre, des secours pourront être accordés à la femme, aux enfants, au père et à la mère du condamné, et que ces secours seront réglés par l'autorité administratixe. Or, si les biens étaient confiés aux héritiers présomptifs ou même à un tuteur, ce ne serait pas à l'autorité administrative, mais bien à l'autorité judiciaire à faire cette détermination.

Le contumax ne perd pas l'exercice de ses droits civils, mais ses actes de disposition et d'aliénation ne pourront être exécutés qu'après que le séquestre aura cessé.

L'interdiction légale commence avec la peine et finit par l'effet de son expiration ou de sa prescription. Le condamné reprend l'exercice de ses droits civils et son tuteur lui rend ses comptes.

De l'abolition de la mort civile (loi du 31 mai 1854) et des déchéances qui lui ont été substituées. — Condition des individus condamnés à une peine afflictive perpétuelle dans le droit actuel.

La mort civile était une fiction légale en vertu de laquelle un homme vivant était réputé mort aux yeux de la société, quant à la plupart de ses droits civils. Cette peine n'accompagnait, sous le Code Napoléon, que les condamnations à la mort naturelle, le Code

pénal l'attacha aux deux autres peines afflictives perpétuelles, les travaux forcés à perpétuité et la déportation.

La mort civile, avec ses déchéances exorbitantes
(art. 25), était encourue pour les condamnations contradictoires, à compter du jour de l'exécution, soit
réelle, soit par effigie, et pour les condamnations par
contumace, après un délai de cinq ans à dater de
l'exécution par effigie. Dans le cas de condamnation
à la mort naturelle, elle recevait principalement son
effet lorsque le condamné conservait l'existence, soit
qu'il se fût évadé après l'arrêt, soit qu'il eût été condamné par contumace; elle avait, au reste, dans le
cas même d'exécution réelle, à mort, l'effet d'annuler
le testament du condamné.

Le motif qui fit emprunter la mort civile à la législation romaine était que la loi ne pouvait pas consi-
dérer comme vivant celui que la société a, pour toujours, retranché de son sein. Sans examiner si le
législateur a toujours été logique et humain dans
l'application de cette peine, nous étudierons succin-
tement les motifs qui la firent abolir.

Elle était indivisible, c'est-à-dire non susceptible de
minimum et de maximum, soit quant à la durée, soit
quant à son intensité; inégale, tandis qu'elle affligeait
cruellement certaines personnes, la plupart des criminels se doutaient à peine qu'ils en avaient été frap-
pés; impersonnelle, quisqu'elle frappait des héritiers
innocents et une épouse fidèle; immorale, parce que

les enfants, en acceptant la succession du condamné, éludaient la loi s'ils faisaient passer des secours à leur père, où se couvraient de déshonneur s'ils les lui refusaient ; non exemplaire, enfin, parce que celui que les peines perpétuelles n'avaient pas arrêté, l'était moins encore par la considération d'une peine dont l'effet est invisible. L'abolition de la mort civile, vivement réclamée en 1832, 1834, 1849, ne fut prononcée qu'en 1854. Cependant, la loi du 8 juin 1850 fut un premier pas vers cette abolition ; ses dispositions, plus favorables que celles de la loi de 1854, sont encore applicables aux condamnés à la déportation pour crimes commis sous l'empire de cette loi, c'est-à-dire de 1850 à 1854.

La loi du 31 mai 1854 a substitué à la mort civile un triple ordre de déchéances. Les condamnés à une peine perpétuelle encourent, comme peines accessoires, la dégradation civique, l'interdiction légale, et l'incapacité de disposer de leurs biens, soit par donations entre-vifs, soit par testament, ou de recevoir au même titre, si ce n'est pour cause d'aliments. La loi prononce aussi la nullité de leur testament antérieur à leur condamnation contradictoire, ou à l'expiration des cinq ans qui suivent, pour les contumaces, l'exécution par effigie. La nullité du testament a été ainsi motivée, par M. Rouher, au Corps législatif : « C'est là un hommage obligé à la morale, à la dignité de la loi, et un stigmate au front du criminel. »

L'art. 4 donne au gouvernement le pouvoir de relever le condamné de tout ou partie de ces incapacités, et de lui accorder en outre, dans le lieu de l'exécution de la peine, l'exercice de tout ou partie des droits civils, dont il est privé par son état d'interdiction légale ; toutefois, les actes faits par le condamné, dans le lieu même de l'exécution de la peine, ne peuvent engager les biens qu'il possédait au jour de sa condamnation, ni ceux qui lui sont échus à titre gratuit depuis cette époque.

Par application du principe qui veut que les lois pénales rétroagissent quand elles sont plus douées que les lois qu'elles remplacent, l'art. 5 déclare que la loi abolitive de la mort civile s'appliquera, non-seulement aux crimes commis antérieurement à sa promulgation et non encore punis, mais même aux condamnations déjà prononcées et en cours d'exécution. Toutefois la mort civile ne cessera à l'égard de ces derniers que pour l'avenir seulement. C'est encore par application du même principe que l'article 6 déclare la nouvelle loi inapplicable aux condamnations à la déportation, pour crimes commis antérieurement à sa promulgation.

L'art. 15 de la loi du 30 mai 1854, sur l'exécution des travaux forcés, déclare la présente loi applicable aux condamnations antérieurement prononcées et aux crimes antérieurement commis, sauf, toutefois, l'obligation de résidence dans la colonie, après l'exécution de la peine, et sauf les peines de l'évasion.

Les déchéances substituées à la mort civile, s'appliquent tant aux condamnations contradictoires qu'aux condamnations par contumace; si ce n'est qu'à l'égard de ces dernières, l'interdiction légale est complètement remplacée par le séquestre.

Quant à leur point de départ, ce n'est plus comme la mort civile, à partir du jour de l'exécution de la peine principale qu'elles ont encourues, quand il s'agit d'une condamnation contradictoire, mais à partir de celui où la condamnation sera devenue irrévocable. A l'égard des condamnations par contumace, la mort civile n'était encourue qu'à l'expiration d'un délai de cinq ans, qui avait pour point de départ l'exécution par effigie; mais pendant ce délai le contumax était privé de l'exercice de ses droits et de l'administration de ses biens (art. 27 et 28). La nouvelle loi donne le même point de départ aux incapacités et déchéances de l'art. 3, mais la dégradation civique et le séquestre de l'art. 471, sont encourus dès l'exécution de l'arrêt par effigie.

CHAPITRE II.

DES PEINES EN MATIÈRE CORRECTIONNELLE.

Les peines en matière correctionnelle sont au nombre de trois.

1° L'emprisonnement dans une maison de correction ;

2° L'interdiction à temps de certains droits civiques, civils et de famille ;

3° L'amende, art. 9.

Le chapitre II ne traite que des deux premiers.

1° *L'emprisonnement à temps* (art. 40 et 41).

Le mode d'exécution de cette peine doit consister, d'après l'art. 40, à renfermer le condamné dans une maison spéciale, appelée maison de correction ; mais en fait, l'emprisonnement correctionnel de plus d'un an est subi dans les maisons centrales, ainsi que la peine de la réclusion. Les condamnations à un an et au-dessous sont exécutées dans les prisons départementales, servant en même temps de prisons d'arrêt et de garde, où sont retenus les prévenus et les accusés pendant l'instruction de leur procès ; cette concentration est illégale, mais des difficultés matérielles s'opposent à l'exécution de la loi.

Le condamné à l'emprisonnement correctionnel sera employé, selon son choix, à l'un des travaux établis dans la maison où il subira sa peine. L'ordonnance du 2 septembre 1817 a ainsi divisé le produit de son travail : un tiers appartiendra à la maison, un tiers sera remis au détenu, un dernier tiers sera tenu en réserve pour lui être remis à sa sortie de la maison. La durée de cette peine est de six jours au moins et de 5 ans au plus. Le plus souvent cependant, la loi fixe pour chaque délit la latitude dans laquelle le juge peut se mouvoir. Le maximum peut être dépassé, en cas de récidive (art. 58), et le minimum peut descendre au-dessous de six jours (art. 463), en cas de circonstances atténuantes.

2° L'interdiction temporaire de certains droits civiques, civils et de famille.

Cette peine consiste dans la privation temporaire de tout ou partie des droits énumérés dans l'art. 42. Cette interdiction ne peut être prononcée que lorsque la loi l'ordonne ou le permet (art. 43), dans ce cas même, les tribunaux n'ont pas toujours le choix entre la prononciation totale ou partielle, ni entre telle ou telle déchéances. La loi indique souvent la classe de déchéances que les tribunaux devront ou pourront prononcer. Cette peine est essentiellement temporaire, mais le minimum et le maximum sont fixés spécialement par chacun des articles qui la prononcent.

3° L'amende est une peine commune aux matières criminelles et correctionnelles, et elle est généralement prononcée au profit du Trésor. La loi a pris soin d'indiquer avec précision les cas où l'amende doit ou peut être prononcée : elle varie entre un minimum de 16 francs et un maximum qui diffère suivant les circonstances, le juge ne peut dépasser ces limites. Toutefois, l'amende peut être de moins de 16 francs, dans le cas de circonstances atténuantes, indiqué par l'art. 463 du Code pénal.

CODE D'INSTRUCTION CRIMINELLE.

Livre II, titre IV, art. 465 à 477. Titre 7, chap. 4 et 5, art. 619 à 643.

Loi du 2 janvier 1850, qui modifie l'art. 472 du Code d'instruction criminelle.

Loi du 3 juillet 1852, sur la réhabilitation des condamnés.

DES CONTUMACES.

La contumace est l'état de celui qui, sous le poids d'une accusation criminelle, s'est dérobé aux poursuites de la justice et a été condamné, en son absence, à une peine criminelle.

La loi divise la contumace en quatre périodes :

Première période. — Etat du contumax pendant le temps qui s'écoule depuis l'expiration des délais qui lui sont accordés pour se présenter, jusqu'au moment de l'exécution du jugement. — Lorsque, après un arrêt de mise en accusation, le prévenu n'a pas été saisi, ou ne se présente pas dans les dix jours de la notification qui en a été faite à son domicile, ou lorsque après s'être présenté et avoir été saisi, il s'est évadé, le président de la Cour d'assises ou, en son absence,

le président du tribunal de première instance, et à
défaut de l'un et l'autre, le plus ancien juge du tribunal rend une ordonnance qui lui intime l'ordre de se
représenter dans un nouveau délai de dix jours. S'il
ne se présente pas ou s'il n'est point arrêté dans ce
délai, il est déclaré rebelle à la loi, ses biens sont
séquestrés pendant l'instruction et régis comme biens
d'absent par l'administration des domaines. Il est en
outre privé de l'exercice de ses droits de citoyen;
quant à ses droits civils, il en conserve la jouissance
et l'exercice; les actes qu'il fait étant valable pourront
s'exécuter sur ses biens après le séquestre levé; un
seul droit lui est enlevé, le droit d'agir en justice.
(465 à 467 C. inst. crim.)

Seconde période. — Condition du contumax pendant les cinq ans qui suivent l'exécution par effigie de
la condamnation.

Après un délai de dix jours, à dater de la publica-
tion de cette seconde ordonnance, il est procédé au
jugement de la contumace, aucun avoué, aucun con-
seil ne peut se présenter pour défendre l'accusé. Si
l'accusé est absent du territoire européen de la France
ou s'il est dans l'impossibilité absolue de se rendre,
ses parents ou amis peuvent plaider la légitimité de
son excuse. S'il est condamné, ses biens, aux termes
de l'art. 471, seront à partir de l'exécution de l'arrêt
considérés et régis comme biens d'absent; et le compte
du séquestre sera rendu à qui il appartiendra après
que la condamnation sera devenue irrévocable par

l'expiration du délai donné pour purger la contumace (vingt ans, le délai même de la prescription), ou même avant l'expiration de ce délai, lorsque la condamnation sera anéantie par l'arrestation ou la représentation volontaire du contumax (476). Nous avons déjà fait connaître la difficulté qui s'élève au sujet de l'art. 471 rapproché des art. 28 et 29 du Code pénal, et émis l'opinion qu'au cas de condamnation par contumace, le séquestre de la régie des domaines remplace l'interdiction légale. — En quoi diffère le séquestre qui sépare la condamnation, art. 465, et celui qui la suit (471)? Le premier consiste dans une simple détention ; le second, au contraire, enlève au condamné la gestion et l'administration de ses biens pour la remettre aux mains de la régie.

La condition du contumax, pendant cette période, est encore aggravée sous un autre point de vue. A dater de l'exécution par effigie, la condamnation entraîne la dégradation civique. La loi du 2 janvier 1850 a modifié l'art. 472 du C. d'instruction crim., en dépouillant l'exécution par effigie du caractère spécialement infamant dont elle était empreinte ; elle consistera désormais en une impression dans un journal, et en plusieurs affiches ; l'extrait de l'arrêt de condamnation doit être, dans les huit jours de la prononciation, inséré dans l'un des journaux du département du dernier domicile du condamné, et en outre affiché à la porte : 1° de ce dernier domicile ; 2° de la maison commune ; 3° du prétoire de la cour d'assises.

Un autre extrait est, dans le même délai, adressé au directeur de l'administration des domaines du domicile du condamné. Chacune des affiches doit être constaté par un procès-verbal dressé à cet effet. La date du dernier fixe le moment à partir duquel la dégradation civique est encourue.

Le contumax conserve la jouissance et l'exercice de ses droits civils, sa capacité de disposer ou de recevoir par testament ou donation reste intacte; s'il meurt dans les cinq ans, à compter de l'exécution de sa condamnation, son testament, à quelque époque qu'il l'ait fait, sera maintenu et respecté; quant aux donations qu'il aura consenties ou acceptées dans ce même délai, elles recevront, à tout événement, leur pleine et entière exécution.

Troisième période. — Condition du condamné qui ayant survécu n'a pas été arrêté dans les cinq ans qui ont suivi l'exécution de la condamnation, mais qui est encore dans le délai pour purger sa contumace.

La justice et l'intérêt social exigeaient que la peine prononcée par contumace, n'ayant pas été entourée de garanties suffisantes, puisque l'accusé n'a pu se défendre, ne reçût pas d'exécution; aussi, au cas où le condamné par contumace se remettra entre les mains de la justice (476), ou y tombera avant que sa peine soit prescrite, sa condamnation sera anéantie de plein droit, et il sera remis en jugement selon la forme des procédures contradictoires, avec défenseur et jury, mais le contumax qui ne s'est pas présenté, et qui n'a pas été arrêté dans la période qui nous occupe, est frappé de déchéances plus rigoureuses, car s'il pouvait alléguer auparavant l'ignorance où il était de l'accusation portée contre lui, ou l'impossibilité morale ou matérielle de venir se défendre; ces motifs deviennent moins sérieux après cinq années de silence. La loi le prive de la capacité de déposer et de recevoir, par donation ou par testament, et son testament fait antérieurement, à l'expiration de ces cinq années, est annulé.

On a vivement agité la question de savoir si les donations entre-vifs ou testamentaires, faites ou reçues après les cinq ans, par le contumax, restent frappées de nullité, nonobstant son décès, sa comparution ou son arrestation avant l'expiration des vingt ans accordés pour purger sa contumace? Quelques auteurs distinguent et prétendent que la mort du contumax n'est point une condition résolutoire de la condamnation prononcée contre lui, par conséquent, si le contumax meurt après les cinq ans, quoique dans les vingt ans, son testament, à quelque époque qu'il l'ait fait, les donations entre-vifs, par lui consenties ou acceptées après l'expiration des cinq ans, sont nuls et destitués de tout effet; mais ils ajoutent que, s'il comparaît ou s'il est arrêté dans le même délai, les donations qu'il a faites ou reçues, même après l'expiration des cinq ans, sont et demeurent définitivement valables; son testament vaudra également, à moins qu'il ne soit de nouveau condamné à une peine afflictive perpétuelle.

Nous n'admettons pas cette distinction ; tout est définitif dans le passé dès qu'expirent les cinq ans. La condamnation n'est point sans doute irrévocable, quant à l'avenir, car tant que les vingt ans ne sont pas expirés, le condamné est admis à purger sa contumace ; mais quant aux effets qui se sont produits à l'expiration des cinq ans, la condamnation demeure subsistante ; rien ne l'efface, ni le décès du contumax, ni sa comparution, ni son arrestation. C'est ainsi que les choses se passaient à l'égard de la mort civile, les effets qu'elle avait produits, même les plus graves, l'ouverture de la succession du condamné, la dissolution du mariage restaient ineffaçables. Or, l'incapacité de disposer et de recevoir par donation ou par testament et la nullité du testament fait en temps de capacité ne sont, en quelque sorte, qu'une fraction maintenue de la mort civile. Dès lors, quoi de plus naturel que de les régler conformément au régime même dont elles ont été tirées.

Quatrième période. — Condition du condamné qui ne s'est pas présenté et qui n'a pas été arrêté dans les vingt années à compter de l'arrêt. — La peine principale étant prescrite, le condamné peut, sans danger, reparaître dans la société et y vivre publiquement ; le séquestre de ses biens cesse ; l'administration des domaines lui rend ses comptes ; mais il reste frappé de la dégradation civique et de la double incapacité de disposer ou de recevoir par donation ou par testament.

DE LA RÉHABILITATION.

La réhabilitation est un acte par lequel un condamné qui a subi sa peine ou obtenu des lettres de grâce, est relevé, à raison de son repentir et de sa bonne conduite, des déchéances et incapacités qui étaient attachées accessoirement à sa condamnation et qui ont survécu à la peine principale, ou par lequel un condamné à une peine consistant uniquement dans ces déchéances ou incapacités, en obtient la remise en considération de son amendement et de son retour au bien.

L'origine de la réhabilitation des condamnés remonte au droit romain, où nous la trouvons consacrée et réglementée dans le *Digeste* de *Sententiam passis et restitutis* ; mais son caractère était celui de la grâce appliquée au rétablissement de l'état-civil des condamnés ; elle passa dans notre ancien droit avec ce même caractère. Ce fut l'Assemblée constituante qui fit de la réhabilitation la récompense de la correction morale et de la bonne conduite du condamné éprouvées pendant un certain temps et vérifiées officiellement.

Le législateur de 1810, suivant les errements du passé, avait assigné pour but à la réhabilitation d'effacer non-seulement les incapacités de droit, mais surtout l'infamie de la condamnation ; c'est pourquoi la réhabilitation n'était applicable qu'aux condamnations criminelles. La loi du 3 juillet 1852 répara ce vice de législation et étendit la réhabilitation aux condamnations correctionnelles.

Quatre conditions principales sont exigées pour obtenir la réhabilitation.

1° Il faut que le condamné soit libéré de sa peine, et libéré, soit parce qu'il l'a subie, soit parce qu'il en a obtenu la remise par la grâce. L'art. 619, ne mentionnant que ces deux modes de libération, exclut par là même la libération, résultant de la prescription. Aussi décida-t-on généralement que le condamné qu'a prescrit sa peine, ne peut être admis à la réhabilitation ;

2° Il faut que le condamné ait fait depuis l'affranchissement de sa peine une sorte de stage, comme un essai de sa liberté ; s'il s'agit d'une peine criminelle, pendant cinq ans ; pour une peine correctionnelle, pendant trois ans. Ce délai court pour ceux qui ont été condamnés à une peine principale, ne consistant pas dans une perte de droits, du jour de l'expiration de leur peine ou du jour où ils ont obtenu des lettres de grâce ; il court au profit des condamnés à la dégradation civique ou à la surveillance de la haute police, prononcés comme peines principales et uniques, du jour où la condamnation est devenue irrévocable ; enfin si la peine de la dégradation civique était accompagnée d'un emprisonnement, le délai ne court qu'à dater de l'expiration ou de la remise de l'emprisonnement (art. 620).

3° Il faut que le condamné, depuis sa libération ou après les autres points de départ indiqués ci-dessus, ait résidé dans le même arrondissement, pendant cinq ans au moins, s'il s'agit d'une peine criminelle, et trois ans au moins, s'il s'agit d'une peine correctionnelle, et que dans l'un et l'autre cas, il ait résidé dans la même commune, au moins pendant les deux dernières années qui ont précédé sa demande en réhabilitation (art. 621). Ces délais forment pour le condamné un temps d'épreuve. La fixité de résidence a pour but de donner le moyen de contrôler sa conduite;

4° Le condamné doit justifier du paiement des frais de justice, de l'amende et des dommages-intérêts auxquels il a pu être condamné ou de la remise qui en a été faite. A défaut de cette justification, il doit être établi qu'il a subi le temps de contrainte, déterminé par la loi, ou que la partie lésée a renoncé à ce mode d'exécution. Enfin, s'il est condamné pour faillite, il doit justifier du paiement du passif de la faillite, en capital, intérêts et frais, ou de la remise qui lui en a été faite (art. 623). Ces dispositions ne sont que l'application du principe que tout condamné doit, avant d'obtenir sa réhabilitation, réparer le préjudice qu'il a causé.

Quant aux formes à suivre, elles sont indiquées par les art. 622 et 624 à 633. C'est au procureur impérial de l'arrondissement de sa résidence que le condamné doit adresser sa demande. Les autorités que la loi appelle à concourir à la réhabilitation sont : l'autorité municipale, par des attestations qui lui sont demandés : attestation de bonne conduite, indication des moyens d'existence, etc.; l'autorité administrative, par un avis du sous-préfet de l'arrondissement; l'autorité judiciaire, par un avis des juges de paix des cantons où a résidé le libéré, et surtout par un avis de la Cour impériale qui, s'il est négatif, empêche la demande d'aller plus loin, sauf le droit de la présenter de nouveau ; enfin l'Empereur, chef du pouvoir exécutif, à qui est confié, en définitive, le pouvoir d'accorder ou de refuser la réhabilitation. Le rejet n'implique que l'insuffisance de l'épreuve, et la demande peut être représentée.

L'effet de la réhabilitation est de faire cesser pour l'avenir toutes les incapacités résultant de la condamnation, sauf les exceptions indiquées par l'art. 634 ainsi conçu : « Les interdictions prononcées par l'art. 612 du Code de commerce sont maintenues; nonobstant la réhabilitation obtenue en vertu des dispositions qui précèdent. Aucun individu condamné pour crime, qui aura commis un second crime et subi une nouvelle condamnation à une peine afflictive ou infamante, ne sera admis à la réhabilitation. Le condamné qui, après avoir obtenu sa réhabilitation, aura encouru une nouvelle condamnation, ne sera plus admis au bénéfice des dispositions qui précèdent. Les lettres de réhabilitation sont adressées à la Cour qui a délibéré l'avis; une copie authentique en est adressée à la Cour ou au tribunal qui a prononcé la condamnation.

Ces lettres sont transcrites en marge de la minute de l'arrêt ou du jugement de la condamnation.

DE LA PRESCRIPTION.

La prescription est en matière pénale l'extinction, par le laps de temps, des droits d'action qui naissent des crimes, délits et contraventions et du droit d'exécution qui naît des condamnations pénales. Nous étudierons : 1° la prescription contre les actions à l'effet d'éviter les poursuites soit publiques, soit civiles auxquelles peut donner une infraction pénale ; 2° la prescription contre les peines à l'effet de se libérer des condamnations qui ont été prononcées et de leur exécution.

PRESCRIPTION DES ACTIONS.

1° *Prescription de l'action publique.* — Un premier motif capable de justifier l'extinction du droit de punir après un certain temps écoulé, depuis le moment où une infraction a été commise, c'est la perte des éléments de preuve de la culpabilité ou de la non-culpabilité ; mais, à l'égard des délits et contraventions qui se constatent par procès-verbaux, la raison théorique et générale de cette prescription tient au fondement même du droit de punir. Après un certain temps écoulé, le souvenir de l'infraction à la loi s'est effacé ; le besoin de l'exemple a disparu. De ce principe découlent d'elles-mêmes les règles de la

prescription : ainsi la prescription de l'action publique s'applique à toute infraction à la loi pénale; il
n'y a plus de crimes imprescriptibles, comme l'étaient
autrefois le duel, le parricide, le crime de lèse-ma-
jesté; et comme le souvenir et le besoin de l'exemple
se conservent plus longtemps à l'égard des crimes qu'à
l'égard des délits inférieurs, le temps de la prescription sera plus ou moins long, suivant le plus ou moins
de gravité des délits; ce temps est de dix ans pour
les crimes, trois ans pour les délits et un an pour les
contraventions de simple police, sauf toutefois certaines prescriptions plus courtes établies par des lois
spéciales.

La prescription commence à courir, pour les délits
instantanés, du jour même où l'acte a été commis;
pour les délits successifs, du dernier moment de la
durée du délit, sauf encore les exceptions introduites
par des lois spéciales (Code for. 185).

A la différence de la prescription en matière civile,
la prescription de l'action publique est interrompue
non-seulement par tout acte de poursuite, mais même
par tout acte d'instruction préalable : car tous ces actes
conservent judiciairement le souvenir du délit et par
conséquent le besoin de l'exemple. Mais en matière
de contravention de simple police, qui laisse dans la
mémoire une impression aussi peu grave que passa-
gère, la prescription court du jour où la contravention
a été commise, à moins que dans le délai un jugement
de première instance ne soit intervenu, auquel cas la

prescription est interrompue, et un nouveau délai recommence du jour de la notification de l'appel.

2° *Prescription de l'action civile.* — Le Code d'instruction criminelle subordonne l'action civile à l'action publique : ainsi, pour les crimes, délits et contraventions, l'action civile a le même point de départ, la même durée que l'action publique. Les causes qui interrompent la prescription de l'action publique interrompent celle de l'action privée, sans que la réciproque ait lieu.

Cette subordination a été contestée par certains auteurs. La règle générale tracée par l'art. 2262 du Code civil est que les créances, les actions personnelles ne se prescrivent que par trente ans; or a-t-on dit : peut-on concevoir que le législateur ait entendu accorder à celui qui est débiteur, par l'effet d'un crime, la faveur d'une prescription infiniment plus courte que celle qu'il donne à celui qui est débiteur par l'effet d'un contrat ou d'un quasi-contrat? Il s'agit donc ici de l'action civile portée devant les tribunaux criminels; or, après dix ans, on n'en pourra plus saisir les tribunaux criminels, sauf à en saisir dans les trente ans, comme d'une action ordinaire, les tribunaux civils.

Mais on répond que cela était bien inutile à dire, puisque les actions civiles ne peuvent être portées devant les tribunaux criminels qu'accessoirement à l'action pénale. D'ailleurs quel étrange langage pour annoncer qu'une action dure que de dire : « Après dix

ans elle sera prescrite (637). » Ensuite, ce n'est pas
là une simple inadvertance du Code qui aurait glissé
dans l'article le mot d'action civile à côté de celui
d'action publique; car il est invraisemblable qu'après
avoir soigneusement distingué entre la prescription
de la peine et celle des dommages-intérêts adjugés par
jugement (art. 635-642), le législateur ait confondu
par inattention l'action civile et l'action publique dans
l'art. 637?

En outre, cette question a été soulevée autrefois, et
l'art. 637, en confondant les deux prescriptions, n'a
fait que reproduire un droit antérieur bien établi.
Voici l'explication de la bizarrerie de cette courte
prescription : l'immense majorité des crimes ne pou-
vant se constater que par des preuves testimoniales,
la loi n'a pas voulu, dans des matières aussi graves,
abandonner l'honneur, la vie, la sûreté des citoyens,
à la mémoire des témoins qu'il faudrait entendre ; d'autre part, permettre à la partie civile, une fois que l'action publique est prescrite, de soulever encore le procès en réparation, ce serait permettre le scandale d'un
délit dont le souvenir serait réveillé et l'existence judiciairement constatée, tandis que la société demeu-
rerait impuissante à le punir.

2° PRESCRIPTION DU DROIT D'EXÉCUTER LES CONDAMNATIONS PÉNALES.

Les arrêts ou jugements rendus par les tribunaux

peuvent prononcer des condamnations à des peines et à des réparations civiles.

1. *Prescription des peines.* — On nomme prescription de la peine l'extinction du droit d'exécution pénale par un certain laps de temps écoulé sans exécution depuis la condamnation. Elle est fixée à vingt ans en matière criminelle, cinq ans en matière de police correctionnelle, et deux ans pour les peines de simple police. La prescription commence, non point du jour où la condamnation est devenue exécutoire ; mais pour les peines prononcées par les arrêts ou jugements rendus en matière criminelle, et par les arrêts ou jugements en dernier ressort, en matière correctionnelle et de simple police, de la date de ces jugements et arrêts, et pour les peines prononcées par jugements susceptibles d'appel, du jour où ils ne pourront plus être attaqués par cette voie.

Le condamné, libéré par prescription de la peine matérielle, n'en reste pas moins frappé des déchéances et incapacités produites par sa condamnation, mais il reprend l'exercice de ses droits civils. L'art. 635 fait, à l'individu condamné à une peine criminelle et libéré par la prescription, une situation à part ; il lui défend de résider dans le département où demeuraient, soit celui sur lequel ou contre la propriété duquel ce crime aurait été commis, soit ses héritiers directs. Il donne même au gouvernement le pouvoir de lui assigner le lieu de son domicile ; cette dernière disposition a principalement pour but de

suppléer le renvoi sous la surveillance de la haute
police, pour les individus qui ont été condamnés à
une peine perpétuelle.

**2. *Prescription des condamnations civiles portées
par les arrêts ou jugements en matière pénale.*** — Ici,
la loi établit une indépendance complète entre les
condamnations pénales et les condamnations civiles ;
elle ne subordonne pas la prescription de la condamnation civile à la prescription de la condamnation pénale.
L'art. 642 réserve expressément pour les condamnations civiles les principes du droit civil ; il renvoie au
C. Napoléon. La créance résultant de la condamnation
civile ne se prescrira donc que par trente ans écoulés,
sans poursuites, aux termes de l'art. 2262 C. N.

CODE CIVIL.

—

DES DÉLITS ET QUASI-DÉLITS.

(1382-1386).

Nous nous sommes occupés du délit criminel, étu-
dions maintenant le délit purement civil.

Le délit criminel est le fait que punit la loi pénale ;
il n'est pas essentiel qu'il soit dommageable.

Le délit purement civil est un fait dommageable, défendu par la loi civile, mais contre lequel la loi pénale ne prononce aucune peine. Si le dommage est causé avec intention, c'est un délit, dans le cas contraire, un quasi-délit.

Le délit est l'acte volontaire et illicite d'une personne qui, par action ou omission d'action, cause méchamment du dommage à autrui.

Le quasi-délit est l'acte involontaire et illicite d'une personne qui, par imprudence ou négligence, cause du dommage à autrui.

Pour que le fait dont on se plaint ait le caractère d'un délit ou quasi-délit, il ne suffit pas qu'il soit illicite et dommageable, il faut encore qu'il soit imputable ; ou l'imputabilité suppose la liberté et les moyens d'éviter la faute ; donc les enfants, les fous, les furieux ne peuvent être obligés à réparer les préjudices qu'ils ont causés, et lorsqu'un dommage est causé par un interdit, un mineur, les juges doivent examiner, si au moment où le préjudice a été causé, l'insensé se trouvait alors dans un intervalle lucide, si le mineur était alors doué d'une raison assez développée pour avoir la conscience de ses actions.

On est responsable, non-seulement du dommage que l'on cause par son propre fait, mais encore de celui qui est causé par le fait des personnes dont on doit répondre ou des choses que l'on a sous sa garde (art. 1384). C'est ainsi que le père, et la mère après le décès de son mari, sont responsables du dommage causé par leurs enfants mineurs habitant avec eux. La loi a considéré que lorsque les enfants mineurs habitaient avec leur père et leur mère, ceux-ci ont une autorité morale assez puissante pour les surveiller utilement, et qu'ils sont en faute si, par une émancipation prématurée, ils ont renoncé imprudemment aux moyens d'autorité dont la loi les avait investis.

Les père et mère sont aussi responsables des dommages causés par leurs enfants majeurs habitant avec eux, mais seulement lorsqu'il est démontré qu'ils sont en faute. La loi n'admet plus ici une présomption légale de faute ; c'est au demandeur à prouver que le délit dont il se plaint n'aurait pas eu lieu si leur enfant avait reçu une éducation honnête et morale.

Les dommages causés par les enfants mineurs légitimement absents de la maison paternelle, ne sont pas imputables aux père et mère ; mais si ceux-ci souffrent sans motif que leurs enfants mineurs aient une habitation séparée de la leur, et s'ils renoncent imprudemment aux moyens de surveillance que la loi leur a confiés, ils sont encore responsables des délits et quasi-délits que commettent ces enfants abandonnés à eux-mêmes.

Les maîtres et les commettants, ajoute l'art. 1384, sont responsables des dommages causés par leurs domestiques et préposés dans les fonctions auxquelles ils les ont employés. Il est juste de punir le maître d'avoir fait un mauvais choix, mais sa responsabilité

n'est engagée qu'au cas où le dommage est le résultat
de l'exercice inhabile de la fonction confiée à l'auteur
du délit. Ces mots : «. Dans les fonctions » de l'article 1384 sont inexacts ; car tous les dommages que
les domestiques ou préposés peuvent causer pendant
qu'ils exercent leurs fonctions ne sont pas imputables
à leurs maîtres et commettants.

La loi, sous un autre rapport, s'est montrée plus
sévère à leur égard qu'à celui des pères, mères, insti-
tuteurs et artisans ; elle refuse la preuve contraire à
la présomption de la faute (1384, dern. alin.); cette
exception a été admise afin de forcer les maîtres et
commettants à ne prendre chez eux que des domestiques ou préposés expérimentés et propres aux fonctions qu'ils leur confient; autrement, ils n'auraient
jamais manqué de soutenir qu'ils ne connaissaient pas,
au moment où ils les ont choisis, les vices de leurs
domestiques et préposés, ce qui eût fait naître des
procès aussi nombreux que difficiles.

Lorsqu'une personne placée sous la surveillance
d'une autre cause un dommage avec intelligence de ce
qu'elle a fait, l'action en réparation peut être dirigée
contre l'auteur du dommage ou contre la personne
qui était chargée de sa surveillance, sauf à celle-ci à
recourir contre l'auteur du fait dommageable; dans le
cas contraire, l'action doit être dirigée contre la personne chargée de la surveillance, sans recours à
exercer contre l'auteur du délit.

La responsabilité établie par les art. 1385 et 1386

contre le propriétaire, l'emprunteur, le dépositaire, le locataire d'un animal, ou contre le propriétaire d'un bâtiment, est fondée sur une présomption légale de faute; mais cette présomption, comme les précédentes, n'est pas invincible; car la loi ne défend ni directement, ni indirectement de la combattre par la preuve contraire (art. 1385-1386 combinés avec l'article 1352).

Aux termes de l'art. 1150, le débiteur qui n'exécute pas l'obligation personnelle dont il est tenu est traité plus ou moins sévèrement, suivant qu'il y a eu de sa part dol ou faute seulement. Au premier cas, il doit les dommages-intérêts présents et imprévus; au second, il ne doit que ceux qui ont pu être facilement prévus au moment du contrat (1150).

Cette distinction n'est pas possible en notre matière. Si le débiteur, qui par sa faute a manqué d'exécuter son obligation, n'est responsable que des dommages qui ont pu être facilement prévus au moment du contrat, c'est que la loi suppose que les parties, dans la prévoyance de l'inexécution de l'obligation, ont tacitement réglé les dommages et intérêts dont le débiteur sera responsable, ce qui exclut naturellement ceux qu'elles n'ont pas pu prévoir, car on ne peut pas supposer qu'ils sont entrés dans le règlement qu'elles ont arrêté; or cette convention tacite ne se conçoit plus en matière de délit et quasi-délit.

Celui qui commet un délit ou quasi-délit, doit donc réparer tout le dommage qu'il a causé; il est tenu même des dommages qu'il n'a pas pu prévoir au moment de la perpétration du délit.

Mais nous admettrons ici le tempérament, consacré par l'art. 1151. L'auteur d'un délit ou d'un quasi-délit ne doit que les dommages qui sont une suite directe et immédiate du vol ou de la fraude dont il s'est rendu coupable. Les motifs qui justifient cette restriction s'appliquent en effet à toute matière.

POSITIONS.

I. Il existe, entre l'interdiction légale et la dégradation civique de nombreuses différences.

II. Les incapacités et déchéances prononcées par l'art. 3 de la loi du 31 mai 1854 sont, au cas où le condamné par contumace purge sa contumace, maintenues dans le passé, à l'exemple des effets de la mort civile.

III. L'interdit légalement peut disposer par donation entre-vifs et par testament; il peut se marier.

IV. L'action civile, qui naît d'une infraction pénale, se prescrit par le même laps de temps que l'action publique, à laquelle donne lieu cette infraction. Il n'en est pas de même des condamnations civiles par rapport aux condamnations pénales.

V. Le condamné par contumace n'est pas soumis à l'interdiction légale.

VI. L'art. 6 de la loi du 31 mai 1854 est explicatif de la loi du 8 juin 1850, et non restrictif de l'art. 5.

VII. Les peines consistant dans des incapacités et déchéances de droit sont imprescriptibles de leur nature.

VIII. L'art. 471 du Code d'instruction criminelle n'enlève point à la régie le séquestre des biens pour le confier aux héritiers.

Vu par le président de la thèse :
    ROYER-COLLARD.

Vu :
    le doyen de la Faculté,
    C.-A. PELLAT.

Paris. — Typ. Gaittet, rue Gît-le-Cœur, 7.